CW01655422

Tous sur le chantier !

Traduit du japonais par Corinne Atlan

ISBN 978-2-211-31825-9
Première édition dans la collection « les lutins » : février 2022

Titre de l'édition originale : « Hataraku Kuruma Daikatsuyaku »
(Kyoiku Gageki Co., Ltd., Tokyo, Japon, 2016)
Édition française publiée en accord avec Kyoiku Gageki Co., Ltd. par Japan Foreign-Rights Centre
Loi numéro 49 956 du 16 juillet 1949 sur les publications destinées à la jeunesse : février 2020
Dépôt légal : septembre 2023
Imprimé en France par Estimprim à Baume-les-Dames

Tomoko Ohmura

Tous sur le chantier !

les lutins de l'école des loisirs
11, rue de Sèvres, Paris 6e

Aujourd'hui, Monsieur Souris, le chef de chantier,
prévient les engins :
– La mission s'annonce particulièrement difficile.
Respectez bien les consignes de sécurité !
– Ne t'inquiète pas, dit la pelleteuse, nous avons l'habitude.

VROUM VROUM

Les véhicules mettent leur moteur en marche.
– Tous sur le chantier !

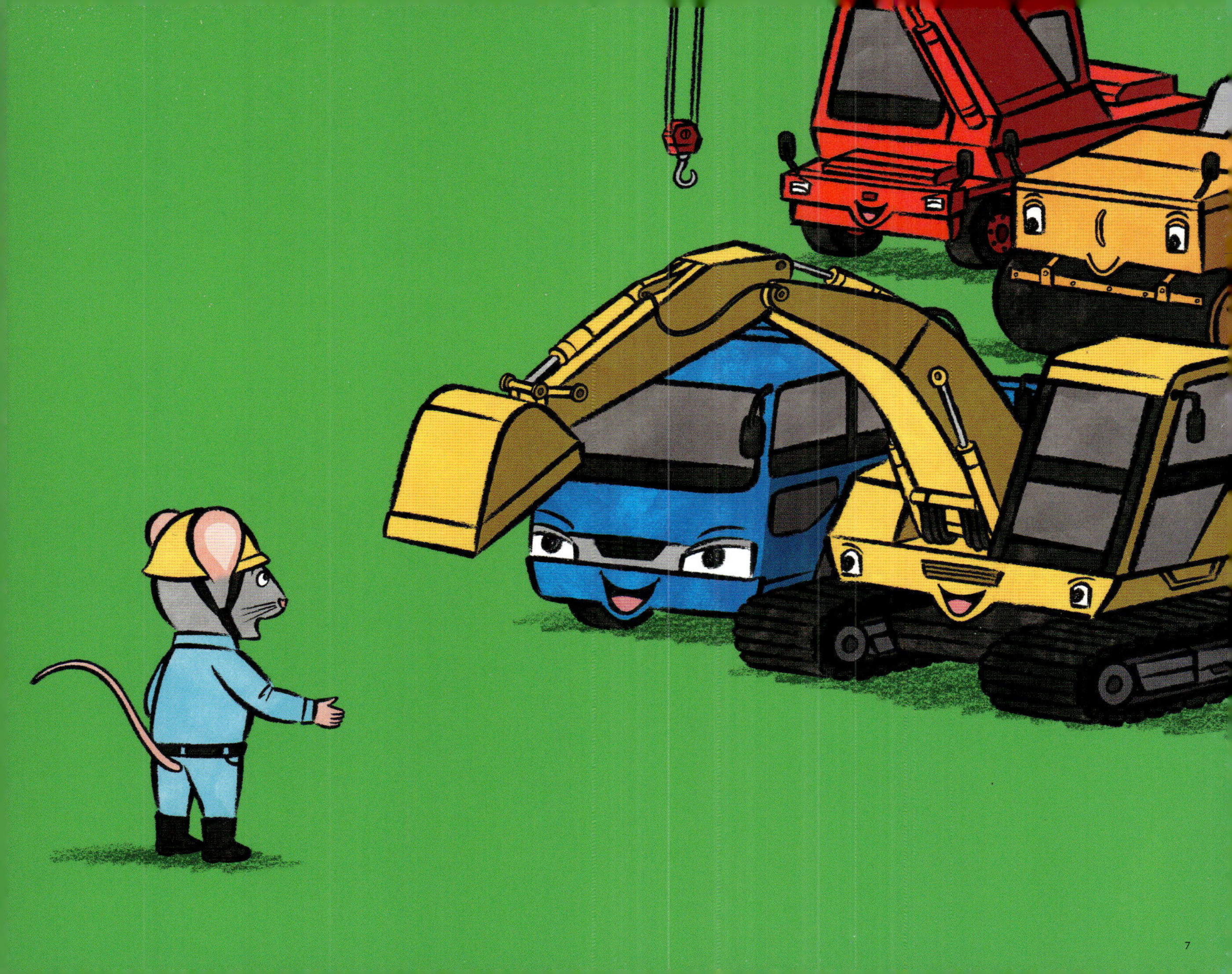

Ils grimpent à la queue leu leu.
– Attention, le sol est glissant !
avertit Monsieur Souris.

Arrivés sur place, ils se mettent immédiatement au travail.

– À toi, la foreuse !

– C'est parti ! répond-elle en perçant le sol de toutes ses forces.

TACA TACA

– Stop ! crie Monsieur Souris.

– Maintenant, à toi, la pelleteuse !

– Tout de suite !

La pelleteuse se met à creuser dans le sol.

SCROUTCH SCROUTCH

Bientôt, il y a un grand trou.

– À présent, j'ai besoin du camion-benne !
– J'arrive !
La pelleteuse charge les pierres dans la benne du camion.

CLONG CLONG

– Ensuite, j'appelle la bétonnière !
– J'attendais mon tour ! dit-elle joyeusement en faisant couler du ciment dans le trou.

SPLOSH SPLOSH

Mais tout à coup, il fait nuit.
– Pas de panique ! dit Monsieur Souris.
Allumez vos phares et continuons à travailler.

– Par ici, la grue !
– Me voilà ! dit-elle en apportant une plaque de métal.
– Marche arrière... Stop ! crie Monsieur Souris.
La grue pose doucement la plaque au-dessus du ciment.

– Pour finir, j'ai besoin du rouleau compresseur !

CRISS CRISS

– J'ai assez aplati le sol ? demande le rouleau compresseur.
– C'est parfait, répond Monsieur Souris.
Le chantier est terminé. Merci à tous !

Soudain, le sol tremble.

BRRR BRRR

– Que se passe-t-il ? demande le rouleau compresseur, inquiet.

Un vent fort se met à souffler.

HOU HOU... AAA AAA...

… ATCHOUM !

– Désolé si je vous ai fait peur, dit l'hippopotame.
Grâce à vous, ma carie est soignée et je n'ai plus mal aux dents.
Merci infiniment !
– De rien ! N'hésite pas à nous rappeler en cas de problème,
dit Monsieur Souris, le chef de cet incroyable chantier.